Numéro du livre dans la collection :

Textes de Bernard Brunstein

© Bernard Brunstein pour les illustrations - http://peinturedebernard.over-blog.com/

ISBN : 9782322017348

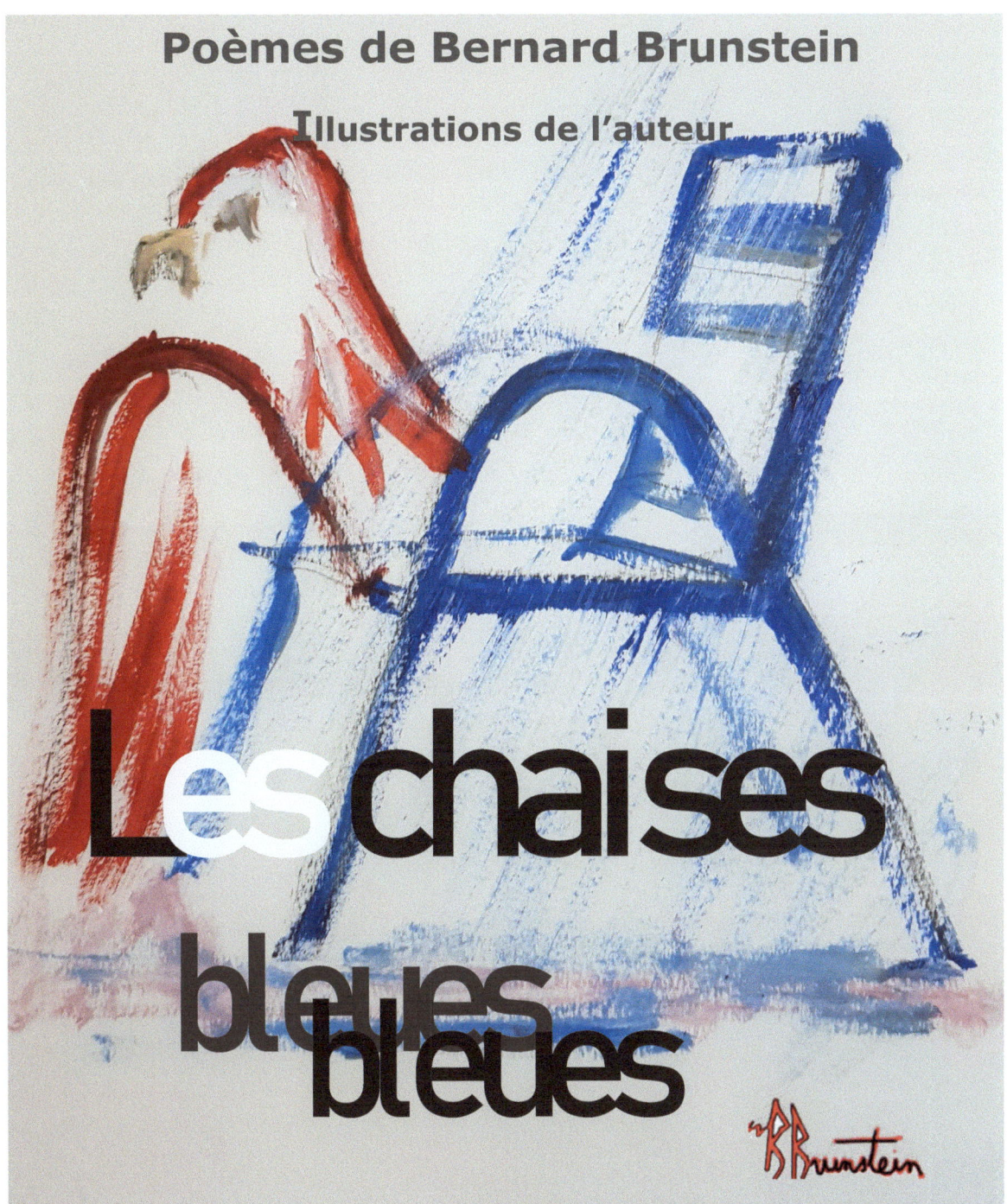

Les chaises bleues en rang serré,
regardent la mer.
Elles sont les confidentes des potins d'hier
Que racontent les vagues et les galets.

L'hiver, face aux embruns salés,
Elles écoutent chanter la Méditerranée,
Admirent les changement de couleur
Lorsque le temps se pleure.

Vient alors le soleil de l'été,
Où elles accueillent les personnes âgées,
Elles qui sont venues un instant se reposer,
Assises contre leur dossier.

La chaise

Elle est en bois ou en osier,
En fer ou en toile.
Elle nous permet de nous reposer
En regardant les étoiles.
La chaise qu'elle soit haute,
Longue ou à porteurs,
Pour un travailleur ou un directeur
Les fesses sont ses hôtes.
La chaise roulante
Des personnes dépendantes
Leur permet de se déplacer
D'une manière plus aisée.
Une chaise sans dossier,
C'est un tabouret.
Et pour les amants,
On appelle ça un divan.

Elle est en bois ou en osier.

Une chaise bleue,
Sur la promenade de tes yeux
Laisse-moi m'asseoir,
Et un instant y croire.

À notre amour, à notre histoire.
Miracle de la couleur,
Le bleu incite au bonheur
Et fais fuir le gris du malheur.

Une chaise bleue,
Sur la promenade de tes yeux.

Aussi célèbres, que le «Negresco»
Les chaises bleues faces à la Méditerranée
Ecoutent des touristes, les ragots
Qu'ils viennent le soir leur raconter.

Parfois quand le soleil se couche,
Elles voudraient doucement se retirer
Vers le Paillon qui débouche
Tendrement sur les galets.

Oublier un instant qu'elles sont des chaises
Pouvoir s'étirer, en prendre à leur aise
Profiter de cette belle baie
Quand le soir, la nuit est tombée.

Elles rivalisent avec le collier de perles
Qui le soir venu, brille de mille feux,
Cette lumière qui déferle
Sur le rivage bordé de bleu.

Sur la promenade, elles sont alignées
Les chaises bleu foncé.
Elles se prélassent au soleil de l'été
Sous le ciel de la Méditerranée.

Sentinelle de l'horizon,
Tu formes un rempart,
L'ennemi ne viendra plus, il est tard.
La mer est calme, sans mouton.

Demain sous le soleil doré,
Tu reprendras ta garde,
Le long de la rambarde
Au dessus de la plage de galets.

Chaise bleue, gardienne
De la tradition de l'histoire
Tu es, tu restes dans notre mémoire
Quoi qu'il advienne.

La promenade s'est déchirée.
Il est venu et a tout bousculé.
Sans pitié, tout en roulant,
Il a tué hommes, femmes, enfants.
Au nom d'une certaine religion,
A l'abri dans son camion,
Il est venu semer la mort,
Sans regret, sans remord.

Témoins involontaires de cette tuerie,
Nous n'avons pas pu servir d'abri
Pour ces pauvres malheureux pris en sacrifice
Qui étaient venus voir le feu d'artifice.
Doucement les gens sont revenus
S'asseoir sur nous, les chaises bleues.
Souvent, ils ont le regard perdu
Vers l'horizon du ciel bleu.

Plus jamais, rien ne sera pareil
Quand se couche le soleil.

Puis-je m'asseoir?
Me voilà en train de parler
A une chaise, quelle histoire!
Mais, elle est bleue, couleur Méditerranée.

Dans ses veines coule sa noblesse.
Elle est, de la promenade, la caresse
Elle a du style néo-comté...
N'essayez-pas, vous n'allez pas trouver.

Seuls les gens du «pais» niçois
Connaissent... il était une fois
Une chaise faite de broc et de bois
Qui épousa une promenade de roi.

Fini le temps des russes et des anglais,
Aujourd'hui, elles reçoivent les congés payés,
Des gens qui ne savent pas
Prononcer correctement le mot «pissaladièra»
ou «socca».

Je m'étire, je «m'éstirasse»
Contre son dossier.
Tu vois, oui, là, ça me laisse une trace
Juste où je voulais.

C'est bon de pouvoir se gratter,
Face à la Méditerranée.
Tu m'imagines sur une chaise bleue,
M'étirant comme un bienheureux,

Comme un riche anglais,
Devant la jetée,
Oubliant de dire à mon papé,
On a réussi, le monde a changé.

Finie la lutte des classes,
La chaise ne leur appartient plus
Aujourd'hui je me prélasse.
Je suis le bienvenu.

Ombres grises des chaises bleues,
Comment, sur le sol, tu peux
Te décolorer sur le trottoir,
De bleue, devenir noire.

Dans ce pays où le ciel
Est bleu couleur pastel,
Imagine sous le soleil
Que ton ombre devienne miel.

Non, tu es chaise bleue!
Vous êtes et votre monde ne peut
Changer les couleurs,
Car vous êtes la peinture du bonheur.

Même sous le ciel tout gris,
L'ombre des chaises sous la pluie
Comme une signature pâle,
Ecriture bleutée, sur le trottoir s'étale.

Rêve de chaise

Parfois je rêve
Que je deviens un aigle.
Alors, brisant les interdits, les règles,
Je m'envolerais au dessus de la grève,

Pour admirer mes sœurs,
Ce fil bleu conducteur,
Au dessus de la promenade.
Je prends le temps, je plane, je m'évade.

Ne plus être figée,
Ne plus attendre le vacancier
Qui viendra s'asseoir,
Ne plus écouter ses histoires.

Être libre juste un instant.

Deux traits bleus,
Sur une feuille de papier,
Me voilà dessinée,
Moi la chaise de la Méditerranée.

Bleue comme l'horizon,
Avec la mer, je me confonds.
Je suis un peu la signature,
De Nice et de la Côte d'Azur.

Par le monde entier,
Je suis photographiée.
Sur la promenade, je fais mon cinéma
Quand l'été et les beaux jours sont là.

Elle est là, solitaire,
Entourée de mystère.
Elle attend assise, ce soir.
Moi, je suis son présentoir.

Qui es-tu, belle inconnue?
Je ne saurais jamais ton nom.
Quand la lueur du ciel aura disparu,
Tu me laisseras là avec mes questions.

Je suis là, seule, oubliée,
Sur ce trottoir en plein été.
Je profite de cet instant de solitude
Pour, en toute quiétude,
Profiter du vent iodé
Que nous apporte la Méditerranée

Je sais, je ne suis qu'une chaise bleue,
Et alors, on n'a pas le droit d'être heureux.
Comme avait dit Lamartine:
«Objets inanimés, avez-vous donc une âme...?»
Allez! Je vous taquine.
Je vous laisse, je reçois une vieille dame.

Bleu,

Bleu,

Je suis comme un ex-libris,

Bleu,

Bleu,

D'un livre sur Nice.

Nous, les chaises bleues d'un autre âge
Sur le fronton de la plage Beau Rivage,
Comme une sculpture, ils nous ont accrochées,
Une accumulation d'Arman, face à la Méditerranée.

Aujourd'hui je suis fâchée.
Je tourne le dos à la mer.
Le ciel a perdu sa couleur bleutée.
Les touristes se désespèrent.

Personne sur la promenade.
L'été part en capilotade.
L'hiver arrive avec ses giboulées.
Le temps n'est plus à flâner.

Fini les longues soirées
Où les personnes s'attardaient,
Assis, en écoutant les vagues sur les galets
Et jouer du djembé.

Un effet,
Ça peut être un fait
Mais parfois, il fait de l'effet
Juste avec un trait.

Bleu, il a fallu qu'on le définisse.
Klein en protagoniste pictural,
Lors d'une soirée de l'école de Nice
Lui a donné son nom, sa couleur idéale.

Bleu est devenu chaise
Pour notre grand plaisir,
L'été, sur la promenade anglaise
Au soleil, on se laisse éblouir.

Comme un trait d'union
Entre la terre et la Méditerranée,
Ligne bleue de l'horizon,
Les chaises sont en rang serré.

Impression d'être debout,
De ne plus être à genoux
Devant le terrorisme,
J'ai envie de crier «vive le patriotisme».

Moi, je ne suis qu'une chaise,
Un objet qui sera toujours là
Quand vous deviendrez parenthèse
Et que vous serez dans l'au-delà.

La vie est éphémère,
Que vous soyez mince ou gras,
C'est un jour dans la terre
Que l'on finira.

Chaise!
Dans mon nom, on entend aise,
Invitation à se prélasser
Sous le soleil de l'été.

Bleu comme le ciel au dessus de Nice,
Je me confonds avec l'horizon,
Cette ligne pure sans artifice,
Dérangée parfois par quelques moutons.

Du même auteur: histoires pour tous

Et livres de poésies

Editeur : BoD-Books on Demand, 12/14 rond point des Champs Élysées, 75008 Paris, France
Impression : BoD-Books on Demand, Norderstedt, Allemagne
ISBN : 9782322017348
Dépôt légal : Mai2019